街歩きのスペイン語

PASEANDO POR LA CIUDAD EN ESPAÑOL

秦 真紀子　MAKIKO HATA

SANSHUSHA

Prefacio
はじめに

本書は、「これからスペインに行く」という方や「いつかスペインに行ってみたい」と思う方に、私がご案内できなくても、スペイン語で問題なく旅行ができるように…との想いを込めて書きました。
街角で、市場で、美術館で…。サッカー観戦をしながら、フラメンコを観ながら…。オリジナルの「スペイン体験」ができるよう、シチュエーションを設定しています。
人と人の距離がとても近くて、見知らぬ者同士でも何気ない会話を交わすスペイン。そんなスペインの街角のシーンが詰まっています。ページをめくるにつれ、日常を抜け出して、陽気で開放的なスペインにどっぷりと浸ることができるでしょう。
旅行の予定がある方はもちろん、スペインやスペイン語に興味がある方、スペイン語の勉強を始めたもののくじけ気味な方にも、ぜひ手に取っていただければと思います。
そして、スペイン語を楽しんでいただくだけでなく、ポジティブに楽しく生きるスペイン人のラテン的な要素をみなさんにお届けし、元気をおすそ分けできれば光栄です。

※本書の会話文では、赤色の字は旅行者、黄色の字は店員などの相手方の発話を指します。

Índice

目次

6 スペイン語について

8 準備編 Preparación del paseo
10 あいさつ Saludos
12 地図を手に入れる Conseguir un mapa
14 地図で目印になるもの Las señales en el mapa
20 第一目的地までの行程を確認 Confirmar el itinerario hasta el primer destino

24 交通機関に乗る Subir al transporte
26 地下鉄の切符を買う Comprar el billete del metro
30 目的地までの行き方を尋ねる Preguntar la manera de llegar al destino
32 車内で Dentro del metro
34 バスに乗る Subir al autobús
36 タクシーで行く Ir con el taxi

38 市場で買い物をする Hacer las compras en el mercado
40 八百屋で買う Comprar en la verdulería
42 お菓子を買う Comprar las golosinas
46 ハム屋さんで En la charcutería
48 パンを買う Comprar el pan
50 他にもある！　市場内のお店 Hay más tiendas en el mercado

52 街を散歩する Pasear por la ciudad
54 街にあるもの Las cosas que hay en la ciudad
60 街の人とお天気の会話 Conversación del tiempo con la gente de la ciudad
62 かわいいものを見かけたら Cuando encuentra una criatura bonita
64 ファッションについて Sobre moda
66 青空市をのぞく Echar un vistazo al mercadillo
68 名前を尋ねて、お礼を言う Preguntar el nombre y agradecer

70 ピクニックをする Hacer un picnic
72 ピクニックに加わる Participar en el picnic

74 ピクニックに何が必要？ ¿Qué necesita para un picnic?
76 定番のピクニックメニュー El menú típico de un picnic
78 ピクニックの会話 Conversación del picnic

82 観光施設へ Ir a los sitios turísticos
84 チケットを買う Comprar la entrada
86 観光施設の単語 El vocabulario de los sitios turísticos
88 見どころをチェック Chequear las obras importantes
90 美術館、博物館などの表示 Las indicaciones del museo etc.
94 写真を撮る Hacer fotos
96 いろいろ質問する Preguntar varias cosas
98 感動を共有する Compartir una emoción

100 サッカーを見に行く Ir a ver el fútbol
102 チケットを購入 Comprar la entrada
104 もっと情報を得る Conseguir más información
106 選手を待つ Esperar los jugadores
108 応援グッズを購入 Comprar los objetos para animar el equipo
110 ひいきのチームを応援する Animar al equipo favorito
112 ファン同士仲良くなる Hacer amistad entre admiradores

114 フラメンコを見に行く Ir a ver el flamenco
116 チケットを買いに行く Ir a comprar la entrada
118 ホテルでタクシーを頼む Pedir un taxi en el hotel
120 会場に着いて Llegar al tablao
122 かけ声をかける Jalear
124 感想を述べる Trasmitir los sentimientos

126 おわりに Y por último

	定冠詞		不定冠詞	
	単数	複数	単数	複数
男性名詞	el	los	un	unos
女性名詞	la	las	una	unas

※本書では、状況に応じて単語に定冠詞、あるいはm.（男性名詞）、f.（女性名詞）、pl.（複数形）の記号を付記しています。

スペイン語について

発音とアルファベット

スペイン語のアルファベットは、英語と同じ 26 文字に加え、スペイン語に特有の **ñ** を合わせた、合計 27 文字です。
スペイン語の発音は、日本語と同じように母音が5つなので比較的とっつきやすく、そのままローマ字読みすれば大抵通じます。ただ、スペイン語では **h** は発音しません。また、**ja ji ju je jo** は、喉の奥に力を込めて［ハ・ヒ・フ・ヘ・ホ］というような、日本語にはない独特の音です。**za zi zu ze zo** は、舌を上と下の前歯の間に軽く挟んで［サ・シ・ス・セ・ソ］と濁らずに発音します。ちょっぴり困難なのは、巻き舌。**r** が文頭にある場合と、**r** が2つ続いて **rr** となるときは、巻き舌となります。**rosa**［ルロサ］(f.) バラ、**arroz**［アルロス］(m.) 米 では、ルから口にかけて舌を上顎につけて軽く前歯の裏にはじくようにすれば、スペイン人っぽく発音できます。

A	a	ア	Ñ	ñ	エニェ
B	b	ベ	O	o	オ
C	c	セ	P	p	ペ
D	d	デ	Q	q	ク
E	e	エ	R	r	エレ
F	f	エフェ	S	s	エセ
G	g	ヘ	T	t	テ
H	h	アチェ	U	u	ウ
I	i	イ	V	v	ウベ
J	j	ホタ	W	w	ウベドブレ
K	k	カ	X	x	エキス
L	l	エレ	Y	y	イェ
M	m	エメ	Z	z	セタ
N	n	エネ			

アクセント

発音のポイントが分かったら、単語の中でアクセントをつける部分（強く発音する部分）にも注意してください。とてもスペイン語らしくなります。

まず、アクセント記号がある単語は、その部分を強く発音します。そして母音（a e i o u）と子音 n と s で終わる単語は、後ろから 2 番目の母音にアクセントを置きます。それ以外の子音で終わる場合は、最後の母音にアクセントを置きます。

たとえば、**mesa**［メサ］(f.) テーブル なら、後ろから 2 つ目の母音 **e** にアクセントを置いて、**me** を強く発音します。**usted**［ウステ］あなた なら、**e** にアクセントで **te** を強く発音します。**d** で終わる単語は、舌を歯の間に挟んで小さく［ド］と発音しますが、全く発音しない地域もあります。また、アクセントを置く箇所は若干長く聞こえますが、日本語の長音のように長くは伸ばしません。

※人や地域によっては、**lla lli llu lle llo**［リャ・リィ・リュ・リェ・リョ］を、［ジャ・ジ・ジュ・ジェ・ジョ］、**ya yu yo** の［ヤ・ユ・ヨ］は［ジャ・ジュ・ジョ］と発音します。

スペイン語の多様性

スペイン語を「スペイン中心部カスティーリャ地方の言葉」という意味の、カスティーリャ語と呼ぶ場合があります。標準的なスペイン語とは、この地方のスペイン語ですが、カタルーニャ地方のカタルーニャ語、北部のガリシアで使われるガリシア語、バスク地方のバスク語という、方言の域を超えた言語があります。

街中にある看板や表示などにも、その地方の言語が見られます。本書はバルセロナを舞台にしているため、カタルーニャ語の表記を取り上げる場合は、その旨を明記しています。

Preparación del paseo
準備編

スペインへは、飛行機を乗り継いで夜に到着することが多いですね。昨晩はよく眠れましたか？　幻想的な夜の街から一転して、キラキラまぶしい朝の街があなたを待っています。身支度を整えたら、さあ、街に出かけましょう。わくわくドキドキ、いろんな発見や出合いがあるはず。でもその前に、街歩きに必須の単語や、スムーズに散策できるコツを確認しておきましょう。そうすれば、もっと楽しい散歩になるはず。

¡Vamos! ［バモス！］ さあ、行きましょう！

Saludos

あいさつ

一言も発しなくても、街の散策は可能です。でもそれではまるで、映画を見ているようなもの。あなたが話すことで、あなたを主役としたオリジナルの旅がはじまります。まずは、これなしではコミュニケーションが成り立たない、あいさつからはじめましょう！

¡Hola!

オラ！

やあ！

Gracias.

グラシアス

ありがとう。

Por favor.

ポル・ファボール

お願いします。

ENSAYO

¡Hola! はなれなれしい？

¡Hola! ［オラ！］ やあ！ なんて、本当にこんなに簡単なあいさつでいいの？と思うかもしれません。４つ星以上のホテルや高級店では、**Buenos días.** ［ブエノス・ディアス］ おはようございます、**Buenas tardes.** ［ブエナス・タルデス］ こんにちは、**Buenas noches.** ［ブエナス・ノチェス］ こんばんは とあいさつしなくては失礼でしょうか？ いいえ、そんなことはありません。笑顔で **¡Hola!** はどんなシーンでも使えます。もちろんその後、**Buenos días.** / **Buenas tardes.** / **Buenas noches.** という時間ごとのあいさつを加えれば、フォーマルな印象を与えることができます。

Conseguir un mapa

地図を手に入れる

スペイン語でのコミュニケーションの練習は、まずはホテルのフロントで！ホテルを出る前に、ここで情報を収集しておきましょう。地図は、到着時に空港内のインフォメーションでもらっておいてもいいでしょう。

¡Hola, buenos días! ¿Hay un mapa/plano de la ciudad?

オラ、ブエノス・ディアス！　アイ・ウン・マパ／プラノ・デ・ラ・シウダ？

おはようございます！　街の地図はありますか？

– Sí, por supuesto.

シ、ポル・スプエスト

はい、もちろんです。

地図とペンを渡しながら尋ねると、マークして教えてくれます。

¿Dónde estamos?

ドンデ・エスタモス？

私たちはどこにいるのでしょうか？

– Estamos aquí.　※直訳：私たちはここにいます。

エスタモス・アキ

ここですよ。

ENSAYO

「〜はありますか？」

¿Hay 〜?［アイ〜？］で、「〜はありますか？」の意味。これはバルやホテルなど、どこでも使える便利なフレーズ。後にくる単語が単数形でも複数形でも変化することがないので、とても簡単！「１つ」と数を強調する場合は、男性名詞／女性名詞に応じて、**uno**［ウノ］／**una**［ウナ］１つの を後ろに入れます。

¿Hay tapas?

アイ・タパス？

タパスはありますか？

¿Hay una habitación?

アイ・ウナ・アビタシオン？

部屋が１つありますか？

Las señales en el mapa

地図で目印になるもの

地図でホテルの位置を確認したら、目印になりそうな建物や通りをチェックしておきましょう。通り名や施設名はその地域の言語で表示されていることが多いため、バルセロナではカタルーニャ語など、地図も地域の言語表記になっています。（カタルーニャ語はオレンジで併記しています）。

plaza ［プラサ］(f.) 広場

plaça ［プラサ］(f.)

街の中心になる大きな広場もあれば、わずかなベンチがあるのみの、小さなものも。広場には平和のシンボル palomas ［パロマス］(f.) (pl.) ハト がたくさんいます。

parque ［パルケ］(m.) 公園

parc ［パルク］(m.)

植物がメインの開けた庭園は jardín ［ハルディン］(m.)（jardí ［ジャルディ］）と呼ばれます。

parque de atracciones ［パルケ・デ・アトラクシオネス］(m.) 遊園地

parc d'Atraccions ［パルク・ダトラクシオンス］(m.)

子どもたちで賑わいます。動物園は zoológico［ソーロヒコ］(m.)、水族館は acuario［アクアリオ］(m.)（zoològic ［ゾーロジック］、aquari ［アクアリ］）です。

広場

公園

遊園地

Las señales en el mapa

地図で目印になるもの

puerto ［プエルト］(m.)　港

port ［ポルトゥ］(m.)

週末は、多くの人が海辺に散歩に出かけます。海岸は **playa**［プラヤ］(f.)（**platja**［プラッジャ］）。海を見ながら **paella** ［パエリャ］(f.) パエリア を食べるのは、ちょっとしたステイタスです。

universidad ［ウニベルシダ］(f.)　大学

universitat ［ウニベルシタッ］(f.)

専門学校や趣味のものも含めて、学校はすべて **escuela** ［エスクエラ］(f.)（**escola** ［エスコラ］）。たくさんあるからでしょうか、地図に表記されているのは大学だけです。

museo ［ムセオ］(m.)　美術館、博物館

museu ［ムセウ］(m.)

財団によって建てられたものは、地図などには **fundación** ［フンダシオン］(f.) 財団（**fundació**［フンダシオ］）と書かれることも。**Fundació Joan Miró**［フンダシオ・ジョアン・ミロ］ ジョアン・ミロ美術館 などがそうです。

港

大学

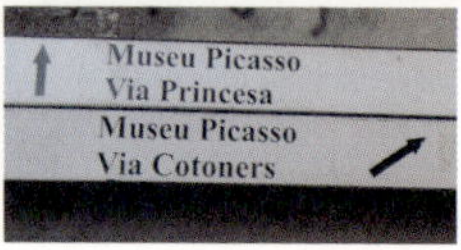

美術館

市庁舎

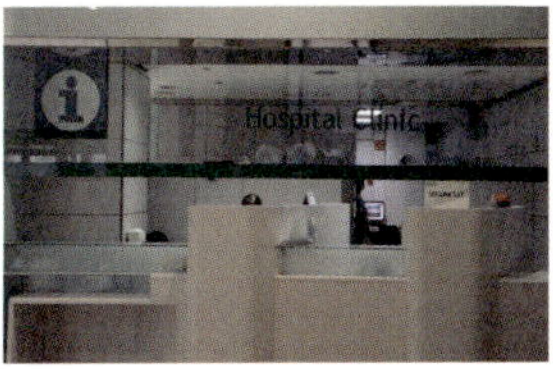

病院

ayuntamiento ［アユンタミエント］(m.) 市庁舎

ajuntament ［アジュンタメン］(m.)

バルセロナ市庁舎の向かいにあるカタルーニャ州自治政府庁は palau de la generalitat［パラウ・デ・ラ・ジェネラリタッ］(m.) 。自治政府庁の呼び方は各州で異なります。

hospital ［オスピタル］(m.) 病院

hospital ［オスピタル］(m.)

病院には **público**［プブリコ］公立 と **privado**［プリバード］私立 があります。スペインの **seguridad social**［セグリダ・ソシアル］(f.) 国民健康保険 がきく病院が公立です。地図にはありませんが、通りでよく目にする緑の十字マークの看板は、**farmacia**［ファルマシア］(f.) 薬局 の目印。

estación ［エスタシオン］(f.) 駅

estació ［エスタシオ］(f.)

地図では、地下鉄や国鉄の駅名が記載されています。

駅

Las señales en el mapa

地図で目印になるもの

calle ［カリェ］(f.) 通り

carrer ［カリェール］(m.)

数が多いので、地図上では省略されます。住所では **C/** と表記することも。

avenida ［アベニーダ］(f.) 並木のある大通り

avinguda ［アビングーダ］(f.)

地図では **Av.** と省略。

paseo ［パセオ］(m.) 遊歩道

passeig ［パセジ］(m.)

比較的大きなメイン通り。カタルーニャ語では **Pg.** と省略することも。

通り

並木のある大通り

遊歩道

マドリッドの地図の一部（スペイン語）

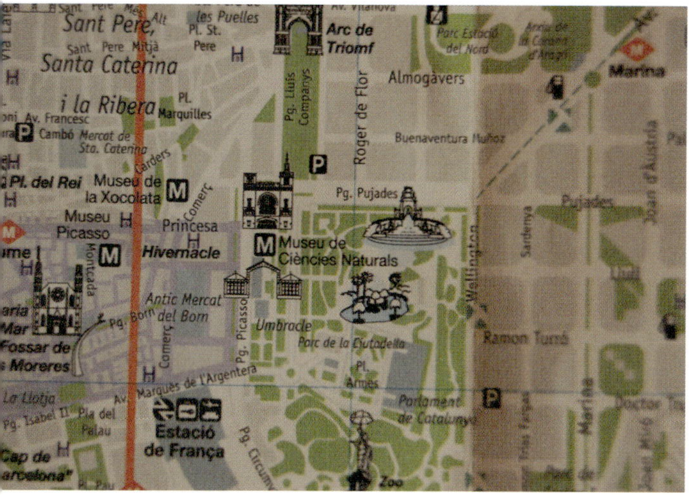

バルセロナの地図の一部（カタルーニャ語）

Confirmar el itinerario hasta el primer destino

第一目的地までの行程を確認

ホテルの位置や目印を地図で確認したら、最初の目的地までの時間や行き方を聞いておきましょう。それによって、交通機関を利用するかしないかなどを計画します。

Quiero ir a la estación de Sants.

キエロ・イル・ア・ラ・エスタシオン・デ・サンツ

サンツ駅に行きたいのですが。

複数で旅行中の場合は、**Quiero** の代わりに、**Queremos**［ケレモス］になります (p.22)。

– Sí, está aquí.

シ、エスタ・アキ

（地図をマークしながら）ああ、ここですよ。

¿Cómo puedo ir hasta allí?

コモ・プエド・イル・アスタ・アリィ？

そこまでどうやって行けますか？

– Puede ir caminando en 20 minutos o con el metro.

プエデ・イル・カミナンド・エン・ベインテ・ミヌートス・オ・コン・エル・メトロ

20 分歩いて行くか、地下鉄で行けます。

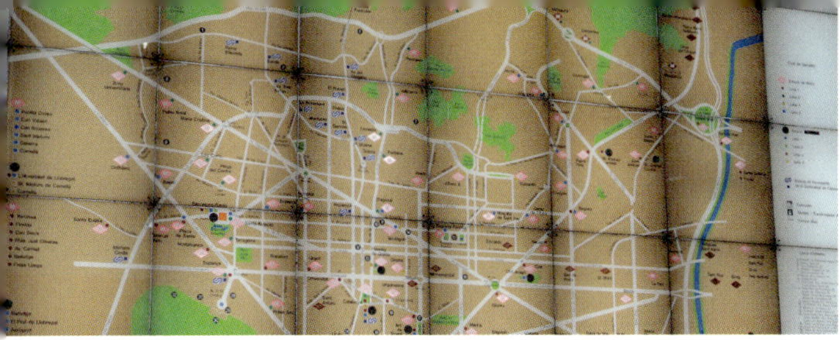

¿Hay una estación del metro cerca de aquí?

アイ・ウナ・エスタシオン・デル・メトロ・セルカ・デ・アキ？

この近くに地下鉄の駅はありますか？

– Sí, 5 metros a la derecha de esta calle.

シ、シンコ・メトロス・ア・ラ・デレチャ・デ・エスタ・カリェ

ええ、この通りを右に5メートル行ったところにあります。

Voy con el metro.

ボイ・コン・エル・メトロ

地下鉄で行きます。

Confirmar el itinerario hasta el primer destino

第一目的地までの行程を確認

GRAMÁTICA

「〜したい」

querer［ケレール］は、後ろに動詞を伴うと「〜したい」、後ろが名詞の場合は「〜がほしい」という意味です。街歩きに不可欠なこの動詞は、主語によって活用が変化します。

スペイン語で主語を表わす主格人称代名詞は以下です。

yo	［ヨ］	私
tú	［トゥ］	君
usted	［ウステ］	あなた
él	［エル］	彼
ella	［エリャ］	彼女
nosotros	［ノソトロス］	私たち
vosotros	［ボソトロス］	君たち
ustedes	［ウステデス］	あなたたち
ellos	［エリョス］	彼ら
ellas	［エリャス］	彼女たち

これに応じて、次のように変化します。

yo	quiero	［キエロ］
tú	quieres	［キエレス］
usted / él / ella	quiere	［キエレ］
nosotros	queremos	［ケレモス］
vosotros	queréis	［ケレイス］
ustedes / ellos / ellas	quieren	［キエレン］

Quiero comprar una botella de agua.

キエロ・コンプラール・ウナ・ボテリャ・デ・アグア

（私は）水のボトルを買いたいです。

Queremos 3 entradas.

ケレモス・トレス・エントラーダス

（私たちは）入場券を３枚ほしいです。

このように、スペイン語では動詞の活用によって主語が分かるため、通常、主語は省略します。

Subir al transporte

交通機関に乗る

異国の地で乗り物に乗るのが大好き！という人は少なくないでしょう。スペインの地下鉄やバスはどんな形？　乗っている人々のファッションや車内での様子は？　切符はどんなものでしょう？　交通機関は小さなアトラクション！　さあ、街へ繰り出しましょう。

Comprar el billete del metro

地下鉄の切符を買う

スペインでは、地下鉄の切符は、すべて **venta de billete** ［ベンタ・デ・ビリェテ］(f.) 自動券売機 で購入します。たとえばバルセロナの場合、**idioma** ［イディオマ］(f.) 言語 は、英語、スペイン語、カタルーニャ語、フランス語から選択できます。

Seleccione tipo de billete.

セレクシオネ・ティポ・デ・ビリェテ

切符の種類を選んでください。

バルセロナの地下鉄には８種類の切符がありますが、旅行者は

Billete sencillo　ビリェテ・センシーリョ　１回券

T-10　テ・ディエス　10 回券

を利用することが多いでしょう。10 回券は人と分けて使うことができるので、お得です。マドリードの 10 回券は **10 viajes**［ディエス・ビアヘス］です。

ほしい切符の画像を押すと、画面が変わります。

venda de tiquets
自動券売機
(※カタルーニャ語)

Seleccione Cantidad/Zona.

セレクシオネ・カンティダ/ソナ

枚数とゾーンを選んでください。

バルセロナ市内はすべて1 zona［ウナ・ソナ］ゾーン1 です。何も押さなければ1枚になっているので、2枚ほしければ左下にあるCantidad［カンティダ］枚数 のボタンの下のプラスボタンを押します。同じ画面の下にPrecio［プレシオ］料金 が表示されます。

左下のConfirmar［コンフィルマール］決定 のボタンで次の画面に進みます。間違えたらVolver［ボルベール］戻る のボタンを押せば前の画面に戻ります。

最後に料金を入れてConfirmarを押すと、切符が出てきます。間違えた場合は、Anular［アヌラール］取り消し ボタンを押せば、料金が戻ってきます。

Comprar el billete del metro

地下鉄の切符を買う

GRAMÁTICA

スペイン語の数字

0から15までは固有の語を使います。

1	uno	[ウノ]
2	dos	[ドス]
3	tres	[トレス]
4	cuatro	[クアトロ]
5	cinco	[シンコ]
6	seis	[セイス]
7	siete	[シエテ]
8	ocho	[オチョ]
9	nueve	[ヌエベ]
10	diez	[ディエス]
11	once	[オンセ]
12	doce	[ドセ]
13	trece	[トレセ]
14	catorce	[カトルセ]
15	quince	[キンセ]

16から19までは「10＋その数字」。ただ、10の読み方［ディエス］は［ディエシ］に変化します。

16	dieciséis	[ディエシセイス]
17	diecisiete	[ディエシシエテ]
18	dieciocho	[ディエシオチョ]
19	diecinueve	[ディエシヌエベ]
20	veinte	[ベインテ]

21から29までは「20＋その数字」。20の読み方［ベインテ］は［ベインティ］に変化します。

21	veintiuno	[ベインティウノ]
30	treinta	[トレインタ]

31から99は、読み方は変化せず、「30＋その数字」です。

32	treinta y dos	[トレインタ・イ・ドス]
43	cuarenta y tres	[クアレンタ・イ・トレス]
54	cincuenta y cuatro	[シンクエンタ・イ・クアトロ]
65	sesenta y cinco	[セセンタ・イ・シンコ]
76	setenta y seis	[セテンタ・イ・セイス]

87 ochenta y siete ［オチェンタ・イ・シエテ］
98 noventa y ocho ［ノベンタ・イ・オチョ］
100 cien ［シエン］

101から199までは「100＋その数字」ですが、100は**cien**が変化した**ciento**［シエント］になります。

101 ciento uno ［シエント・ウノ］
110 ciento diez ［シエント・ディエス］

200以降は「頭の数字＋**cietos**［シエントス］＋10桁の数字」。**cientos**は、**ciento**の複数形です。

200 doscientos ［ドスシエントス］
201 doscientos uno ［ドスシエントス・ウノ］
300 trescientos ［トレスシエントス］
311 trescientos once ［トレスシエントス・オンセ］
400 cuatrocientos ［クアトロシエントス］
421 cuatrocientos veintiuno ［クアトロシエントス･ベインティウノ］
500 quinientos ［キニエントス］ ※シンコシエントスとは言いません。
600 seiscientos ［セイスシエントス］
700 setecientos ［セテシエントス］ ※シエテシエントスとは言いません。
800 ochocientos ［オチョシエントス］
900 novecientos ［ノベシエントス］

1000 mil ［ミル］

Preguntar la manera de llegar al destino

目的地までの行き方を尋ねる

ホームには、駅員さんはいないことがほとんど。時間や駅によっては、窓口にも駅員さんがいないことがあります。そういうときは、地元の人に声をかけて聞いてみましょう。

Disculpe, ¿cómo puedo ir a la Sagrada familia?
ディスクルペ、コモ・プエド・イル・ア・ラ・サグラダ・ファミリア？
すみません、サグラダ・ファミリアへはどう行けばいいのでしょう？

– Suba a esta línea en dirección hacía Diagonal, baje allí y cambie a la línea 5.
スバ・ア・エスタ・リネア・エン・ディレクシオン・アシア・ディアゴナル、バヘ・アリィ・イ・カンビエ・ア・ラ・リネア・シンコ
この線のディアゴナル方面行きに乗り、そこで降りて５番線に乗り換えてください。

Disculpe, ¿este metro para en Liceu?
ディスクルペ、エステ・メトロ・パラ・エン・リセウ？
すみません、この地下鉄はリセウ駅で停まりますか？

– Sí.
シ
はい。

– No, tiene que pasar al otro lado.
ノ、ティエネ・ケ・パサール・アル・オトロ・ラド
いいえ、反対側（のホーム）ですよ。

ENSAYO

見知らぬ人に呼びかけるとき

人に声をかけるとき、いきなり肩を叩くとびっくりされます。英語で Excuse me. と言っても通じないことが多いので、スペイン語で、**Disculpe.**［ディスクルペ］ちょっとすみません と声をかけます。同じくらいの年代の人や若い人には、もう少しくだけた **Disculpa.**［ディスクルパ］でもいいでしょう。何か尋ねたいときや声をかけるのが悪いかなと思うときは **Perdón.**［ペルドン］を使います。**Perdona.**［ペルドナ］、**Perdone.**［ペルドネ］の順でさらに丁寧になります。

Dentro del metro

車内で

地下鉄では、降りる駅に近づいたらドア付近に移動したいものですが、混雑している場合があります。無理に進もうとすると、トラブルになるので要注意。人が多くて進めないときは、

¡Bajo, por favor!

バホ、ポル・ファボール！

降ります、お願いします！

と言うか、もしくは前にいる人に

¿Baja?

バハ？

降りますか？

と聞いて、降りるようならその人の後について降りましょう。降りない場合は場所を空けてくれます。

ENSAYO

いろいろな謝り方

車内では、足を踏んでしまったり、ぶつかってしまったりというトラブルが起きやすいもの。事の重要度によっていろいろ謝り方があるので、覚えておきましょう。最も軽いのは、

¡Perdón!

ペルドン！

すみません！

ちょっとぶつかってしまったときや、人を呼び止めるときにも使います（p.31）。

Lo siento.

ロ・シエント

ごめんなさい。

こちらはもう少し重大。足を踏んでしまったときなどに使います。**Lo siento.** に加えて、

Le pido perdón.

レ・ピド・ペルドン

本当にごめんなさい。

と言うことも。

それでも許してもらえない状況のときは、さらに丁寧にこのように言ってみましょう

Discúlpeme, por favor.

ディスクルペメ、ポル・ファボール

私を許してください。

Subir al autobús

バスに乗る

街の中心まで行くバスの停留所がホテルの近くにあるなら、ぜひ乗ってみましょう。徒歩とは違う視点から、街の景色が見られると楽しいもの。乗車したいバスが来たら、手を上げて合図するのをお忘れなく。降りる人がいなければ、バスは停まらずに行ってしまいます。乗ったら、運転手さんに行き先を確認しましょう。

¿Va al Parque Güell?

バ・アル・パルケ・グエル？

グエル公園に行きますか？

降りる停留所の様子が分からない場合は、バスに乗ったときに運転手さんにお願いしておきましょう。

¿Me puede avisar, cuando llegue al Parque Güell?

メ・プエデ・アビサール、クアンド・リェゲ・アル・パルケ・グエル？

グエル公園に着いたら、知らせてくれますか？

– De acuerdo.

デ・アクエルド

了解。

乗車中に、目当ての停留所までいくつ停留所があるのかを確認してもいいでしょう。

¿Cuantas paradas quedan hasta Parque Güell?
クアンタス・パラダス・ケダン・アスタ・パルケ・グエル？
グエル公園まであといくつ停留所がありますか？

– Hay 3.
アイ・トレス
３つあります。

着く前に、知らせてくれます。

– La próxima es Parque Güell.
ラ・プロキシマ・エス・パルケ・グエル
次がグエル公園だよ。

ENSAYO

時刻表はあってないようなもの ?!

スペインの大きな街では、市内のバス路線が充実しています。街の至るところにバス停があり、バスを待っている人もよく見られるので愛用者は多いようですが、バスが来る時間が日によって異なることがよくあります。運転手さんに「時刻表の時間から 20 分も遅れていますが」と伝えたところ、「時刻表はあくまで目安！」と言われました。これも「スペイン時間」だと思って、のんびり楽しんでください。

Ir con el taxi

タクシーで行く

初乗り料金が安いので、タクシーは街での足として活躍しています。「流し」のタクシーは街中にあふれているので、つかまえるのはとても簡単。フロントガラスに緑の文字で **Libre**［リブレ］と出ているものが、空車のサイン。手を上げれば止まってくれます。

¡Hola! ¿Puede ir al Museo Picasso?

オラ！　プエデ・イル・アル・ムセオ・ピカソ？

こんにちは！　ピカソ美術館まで行けますか？

– Sí, claro.

シ、クラロ

ええ、もちろん。

Hasta el mercado de Sant Josep, por favor.

アスタ・エル・メルカード・デ・サン・ジュセップ、ポル・ファボール

サン・ジュセップ市場まで、お願いします。

– De acuerdo.

デ・アクエルド

了解です。

– Ya hemos llegado. 6 con 25 céntimos, por favor.

ヤ・エモス・リェガード。セイス・コン・ベインティシンコ・センティモス、ポル・ファボール

着きましたよ。6ユーロ25センティモ、お願いします。

Aquí tiene.

アキ・ティエネ

はい、どうぞ。

Canals

LA MALLO UINA
TAXI 6756

Hacer las compras en el mercado

市場で買い物をする

朝一番の活気を感じに、市場へ出かけましょう！　新鮮な魚介がずらりと並ぶ様子は圧巻です。野菜も果物も、摘みたてで色鮮やか。街歩きにぴったりのおやつも買えます。果物や野菜をかじりながら、ナッツやコンフィチュールを食べながら、いろいろなお店をのぞいてみませんか？

Comprar en la verdulería

八百屋で買う

きれいな野菜が整然と並べられています。慣れない旅行者は、きちんと希望を伝えないと、あまり良くない商品を買わされてしまうことも。

2 tomates, por favor.

ドス・トマテス、ポル・ファボール

トマトを２個、ください。

– Sí.

シ

はい。

Disculpe, ¿puede darme los más maduros para comer ahora?

ディスクルペ、プエデ・ダルメ・ロス・マス・マドゥロス・パラ・コメール・アオラ？

すみません、今食べるためにもっと熟したものをくれますか？

指で差すのもいいでしょう。

Un momento, como éste, por favor.

ウン・モメント、コモ・エステ、ポル・ファボール

ちょっと待って、これと同じようなのを、お願いします。

– Vale. ¿Están bien éstos?

バレ。エスタン・ビエン・エストス？

了解。これらはどうですか？

Perfecto.

ペルフェクト

完璧です。

ENSAYO

購入時の頼み方

何かを買うときは、~ , por favor.［~、ポル・ファボール］で通じますが、慣れてきたら、もう少し丁寧な言い方にもチャレンジしてみましょう。

¿Puede darme ~?

プエデ・ダルメ~?

~をくれませんか?

Déme ~, por favor.

デメ~、ポル・ファボール

~をください。

など、似たようなフレーズはたくさんあります。

Comprar las golosinas

お菓子を買う

お菓子屋さんには、色も形もかわいいお菓子がいっぱい！ **caramelos** [カラメロス] (m.) (pl.) キャンディ、**chocolates** [チョコラテス] (m.) (pl.) チョコレート、**gominolas** [ゴミノラス] (f.) (pl.) グミ などは、ちょっと口寂しいときにぴったりです。

¿Qué son éstos?

ケ・ソン・エストス？

これらは何ですか？

– Son los caramelos toffee.

ソン・ロス・カラメロス・トフィー

キャラメルです。

¡Qué buena pinta!

ケ・ブエナ・ピンタ！

なんておいしそう！

– Tome esta bolsa y escoja.

トメ・エスタ・ボルサ・イ・エスコハ

このビニール袋をどうぞ、そして（商品を）選んでください。

Estoy indecisa. ※男性なら indeciso [インデシソ]

エストイ・インデシサ

迷うわ。

– Tranquila, tómese el tiempo.

トランキーラ、トメセ・エル・ティエンポ ※男性なら Tranquilo [トランキーロ]

落ち着いて、時間をかけて。

Quiero éstos.

キエロ・エストス

これらがほしいです。

GRAMÁTICA

感嘆文でスペイン人のように！

「¡Qué ＋形容詞！」で感嘆文です。感嘆文を使うと、少しオーバーになってスペイン人っぽくなり、好感を持たれるはずです。男性名詞／女性名詞によって語尾が変わります。

¡Qué bonito / bonita!

ケ・ボニート／ボニータ！

なんてきれい（かわいい）！

¡Qué estupendo / estupenda!

ケ・エストゥペンド／エストゥペンダ！

なんてすばらしい！

¡Qué rico / rica!

ケ・ルリコ／ルリカ！

なんておいしい！

Comprar las golosinas

お菓子を買う

GRAMÁTICA

状態を表わす動詞 estar と ser

estar は、英語の be 動詞に相当する動詞です。「〜である／いる」という意味で、そのときの状態を表します。たとえば「道に迷っている」と言いたいときは、以下のように使います。

Estoy perdida.
エストイ・ペルディーダ
道に迷っています。

※男性なら perdido［ペルディード］

活用は不規則なので、覚えましょう。

yo	estoy	［エストイ］
tú	estás	［エスタス］
usted / él / ella	está	［エスタ］
nosotros	estamos	［エスタモス］
vosotros	estáis	［エスタイス］
ustedes / ellos / ellas	están	［エスタン］

もう1つの be 動詞 **ser**［セル］は、性格や特徴、出身や職業、名前など、普遍的なものに対して使います。

Soy estudiante.
ソイ・エストゥディアンテ
私は学生です。

Ésta es mi casa.
エスタ・エス・ミ・カサ
これは私の家です。

こちらも活用は不規則なので、覚えましょう。

yo	soy	［ソイ］
tú	eres	［エレス］
usted / él / ella	es	［エス］
nosotros	somos	［ソモス］
vosotros	sois	［ソイス］
ustedes / ellos / ellas	son	［ソン］

En la charcutería

ハム屋さんで

ピクニックのランチに、生ハムのサンドイッチはいかがでしょう？　手作りの **bocadillo** ［ボカディーリョ］(m.) サンドイッチ に挑戦しましょう！

– ¡Hola, señorita! ¿Qué quiere?

オラ、セニョリータ！　ケ・キエレ？

こんにちは、お嬢さん！　何にしますか？

¡Hola! 100g de eso, por favor.

オラ！　シエン・グラモス・デ・エソ、ポル・ファボール

こんにちは！　それを100グラムください。

サンドイッチ用など、数枚だけほしい場合は、

¿Me puede dar 3 lonchas de este jamón?

メ・プエデ・ダル・トレス・ロンチャス・デ・エステ・ハモン？

この生ハムを3切れくれますか？

– ¿Sólo 3?

ソロ・トレス？

3切れだけ？

Sí, para comer ahora en la calle.

シ、パラ・コメール・アオラ・エン・ラ・カリェ

ええ、今通りで食べるためだから。

GRAMÁTICA

指差しで注文

単語の名前が分からない場合やとっさに出てこないときには、指を差しながら「これ」「それ」「あれ」と言ってしまうと簡単！単数／複数、男性名詞／女性名詞によって、使い分けます。

単数形

	男性名詞		女性名詞	
この	este	[エステ]	esta	[エスタ]
その	ese	[エセ]	esa	[エサ]
あの	aquel	[アケル]	aquella	[アケリャ]

複数形

	男性名詞		女性名詞	
これらの	estos	[エストス]	estas	[エスタス]
それらの	esos	[エソス]	esas	[エサス]
あれらの	aquellos	[アケリョス]	aquellas	[アケリャス]

指差す単語が女性名詞か男性名詞か分からない場合は、esto [エスト] これ、eso [エソ] それ、aquello [アケリョ] あれ を使います。単数／複数の違いはありません。

¡Esto, por favor!

エスト、ポル・ファボール！

これ、ください！

Comprar el pan

パンを買う

生ハムが買えたら、**panadería**［パナデリア］(f.) パン屋さん もお忘れなく！
ピクニックで困らないように、バゲットをサンドイッチ用に切ってもらいましょう。

1 barra, por favor.
ウナ・バルラ、ポル・ファボール
バゲットを１本、ください。

– ¿Ésta está bien?
エスタ・エスタ・ビエン？
これでいいですか？

Sí, me la puede cortar a la mitad, y abrirla para bocadillo, por favor.
シ、メ・ラ・プエデ・コルタール・ア・ラ・ミタ、イ・アブリルラ・パラ・ボカディーリョ、ポル・ファボール
はい、(長さを) 半分に切って、そしてサンドイッチ用に開いてくれますか？

– Sí, claro.
シ、クラロ
ええ、もちろん。

Déme una bolsa, por favor.
デメ・ウナ・ボルサ、ポル・ファボール
袋をください。

ENSAYO

bocadillo は日本のおにぎり ?!

スペイン人にとって日本のおにぎりのようなものが、bocadillo［ボカディーリョ］(m.)（バゲットなど固めの）パンのサンドイッチ です。遠足、ピクニックのときだけでなく、学校や仕事の合間に食べるのも、もっぱらこの bocadillo です。

お店で注文する場合、tortilla［トルティーリャ］(f.) オムレツ など具が温かいものは、パンもトーストしてくれます。この温かいサンドイッチを bocadillo caliente［ボカディーリョ・カリエンテ］(m.) といい、具もパンも冷たいものを bocadillo frío［ボカディーリョ・フリオ］(m.) といいます。パンにはバターではなく、トマトとオリーブオイルを塗るのが基本です。食パンを使ったサンドイッチも最近よく見かけます。これらは英語と同じで、sandwich［サンドウィッチ］(m.) と呼ばれます。

Hay más tiendas en el mercado

他にもある！　市場内のお店

市場には他にもたくさんのお店がひしめき合っています。気軽にのぞいてみて、分からないことがあったら、質問してみましょう。

– ¿Qué quiere?

ケ・キエレ？

何にしますか？

Sólo estoy mirando... ¿Cómo puedo comer esto?

ソロ・エストイ・ミランド…。コモ・プエド・コメール・エスト？

見ているだけです…。これはどのように食べるのですか？

– Pelas y cortas, ya está.

ペラス・イ・コルタス、ヤ・エスタ

皮を剥いて切る、それだけだよ。

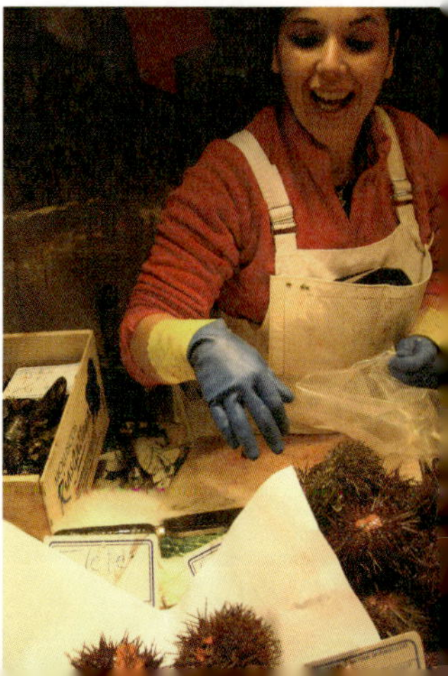

tienda de especies

tienda de conservas

huevería

ENSAYO

お店の種類

どんなお店があるのか、市場内を探検してみましょう。

carnicería 肉屋
[カルニセリア] (f.) いろんな切り方や部位の牛肉がメイン。

casquería 臓物の店
[カスケリア] (f.) ちょっとグロテスク。腸の煮込みなどに。

pollería 鶏肉の店
[ポリェリア] (f.) 一匹丸ごと並んでいます。

huevería 卵の店
[ウエベリア] (f.) 新鮮な卵が1つから買えます。

quesería チーズの店
[ケセリア] (f.) スペイン産だけでなくフランス産も揃います。

pescadería 魚屋
[ペスカデリア] (f.) バルセロナの市場で最も多いお店。鮮度と値段をよく見て。

frutería 果物屋
[フルテリア] (f.) 旬のものや世界中の果物が並びます。

tienda de frutos secos ドライフルーツの店
[ティエンダ·デ·フルートス·セコス](f.) スペインはアーモンドやヘーゼルナッツが名産です。

tienda de salazones 塩漬け食品の店
[ティエンダ・デ・サラソネス] (f.) イワシやタラなど魚やその卵の塩漬け。

tienda de conservas 保存食品の店
[ティエンダ·デ·コンセルバス] (f.) オリーブだけでも色も形も様々に数十種類。

colmado 食料品店
[コルマード] (m.) オリーブオイルやパスタなどが揃います。

tienda de especies スパイスの店
[ティエンダ・デ・エスペシエス] (m.) エキゾチックな香りがただよいます。

bar バル
[バル] (m.) 市場内のバルは、市場の新鮮な食材を使っています。

tienda de salazones

frutería

pescadería

Pasear por la ciudad

街を散歩する

お買い物がすんだら、街の散策を再開しましょう。スペインの街並は、まるで映画や小説のワンシーンのよう。お店の看板や建物のドア、テラスの鉄柵など細部にも注目してみて！　日本ではなかなか見られない、日常の中のアートです。

Las cosas que hay en la ciudad

街にあるもの

街歩きの中では、たくさんのものが新鮮な印象とともに目に飛び込んできます。興味を惹かれたものは、立ち止まってじっくり見てください。スペイン人の日常も、ちらりとかいま見えるかもしれません。

supermercado

［スーペルメルカード］(m.)

スーパー

スペイン系はもちろんドイツ系、フランス系の大手スーパーがあります。大きな街の住宅街の中はスーパーだらけ。スーパーの斜め向かいに別のスーパーが…などという風景もしばしば。

スーパー

oficina

［オフィシナ］(f.)

オフィス

日本のようにオフィス街と住宅街がはっきりと分かれていないことが多いです。居住用のフロアの中にオフィスが混在していることも。

オフィス

quiosco

［キオスコ］(m.)

（新聞などの）売店

街角の至るところにある売店。小さいながらも、ガムやキャンディから新聞、雑誌、地下鉄の回数券まで、品揃えが充実。

新聞などの売店（※ el Periodico は新聞名）

iglesia

［イグレシア］(f.)

教会

観光名所になっている有名な教会以外にも、街には多くの教会があります。カトリックの国なので、日曜日の朝はミサに訪れる人もいます。

教会

semáforo

［セマフォロ］(m.)

信号

スペインの信号に黄色はありません。緑ランプが点滅したら「注意」の合図ですが、数秒間なので、点滅してからの横断はしない方がいいでしょう。

信号

paso de peatones

［パソ・デ・ペアトネス］(m.)

横断歩道

歩行者優先ではないので、信号があっても、曲がってくる車に気をつけて！

横断歩道

fuente

［フエンテ］(f.)

噴水

バルセロナには、名所として有名な噴水もあります。蛇口が付いていて水を飲めるものもあれば、池のようなタイプのものも。

噴水

Las cosas que hay en la ciudad

街にあるもの

建物

ロマン派建築

edificio

［エディフィシオ］(m.)

建物

あらゆる建築物や、建物全般を指します。

arquitectura románica

［アルキテクトゥーラ・ルロマニカ］(f.)

ロマン派建築

11～12世紀の建築物。スペインでは、わずかな教会や修道院などしか残っていません。

ゴシック建築

arquitectura gótica

［アルキテクトゥーラ・ゴティカ］(f.)

ゴシック建築

12世紀の終わりから15世紀にかけての建築物。旧市街には今も多く残ります。

arquitectura barroca

［アルキテクトゥーラ・バルロカ］(f.)

バロック建築

17世紀から18世紀中ごろまでの建築物。churrigueresco［チュリゲレスコ］(m.) チュリゲレスコ様式 と呼ばれる派手な装飾のものが流行しました。

バロック建築

arquitectura modernista

［アルキテクトゥーラ・モデルニスタ］(f.)

モデルニスモ建築

19世紀末から20世紀初めの建築物。アントニオ・ガウディの作品がその代表。

モデルニスモ建築

arquitectura contemporánea

［アルキテクトゥーラ・コンテンポラネア］(f.)

近代建築

1970年代後半から90年代初めまでの、比較的現代的な建築物。

近代建築

Las cosas que hay en la ciudad

街にあるもの

colina

[コリナ] (f.)

丘

丘

playa

[プラヤ] (f.)

海岸

montaña

[モンターニャ] (f.)

山

少し行けば、豊かな自然がある街も。

río

[ㇽリオ] (m.)

川

puente

[プエンテ] (m.)

橋

バルセロナには川がなく、橋もありません。

海岸

山

monumento

[モヌメント] (m.)

モニュメント

バルセロナの街を歩いていると、こうしたものにたくさん出合います。

Conversación del tiempo con la gente de la ciudad

街の人とお天気の会話

信号待ちで、地下鉄のホームで、カフェやバルで。誰かと目が合ったら、にこっと微笑んで、ちょっとおしゃべりをしてみましょう。まずは、天気の話題から！

¡Qué buen día que hace hoy!
ケ・ブエン・ディア・ケ・アセ・オイ！
今日はなんていい天気なんでしょうね！

– Sí, tanto.
シ、タント
ええ、とっても。

¡Qué calor que hace!
ケ・カロール・ケ・アセ！
なんて暑いんでしょう！

¡Qué frío que hace!
ケ・フリオ・ケ・アセ！
なんて寒いんでしょう！

Parece que va a llover, ¿verdad?
パレセ・ケ・バ・ア・リョベール、ベルダ？
雨が降りそうですよね？

– Sí, es verdad.
シ、エス・ベルダ
ええ、本当に。

GRAMÁTICA

近い将来を表わす未来形

「行く」という動詞「ir［イル］＋ a［ア］＋動詞の原形」で、その日のうちに起こることなど、近い将来を表わす未来形になります。動詞 ir の活用を覚えればいいので、比較的簡単です。

yo	voy	［ボイ］
tú	vas	［バス］
usted / él / ella	va	［バ］
nosotros	vamos	［バモス］
vosotros	vais	［バイス］
ustedes / ellos / ellas	van	［バン］

Voy a cenar una paella esta noche.

ボイ・ア・セナール・ウナ・パエリャ・エスタ・ノチェ

（私は）今晩パエリャを食べます。

¿Vas a ir al museo esta tarde?

バス・ア・イル・アル・ムセオ・エスタ・タルデ？

（君は）今日の午後美術館に行きますか？

Cuando encuentra una criatura bonita

かわいいものを見かけたら

お散歩している街の人とお話ししてみましょう。きっかけは小さなことで大丈夫。
かわいい動物や子どもを見かけたら、その気持ちを伝えてみましょう。

¡Qué bonito su perro!

ケ・ボニート・ス・ペルロ！　※雌犬なら bonita［ボニータ］と perra［ペルラ］

あなたの（雄）犬、なんてかわいいんでしょう！

¡Qué guapo su bebé!

ケ・グアポ・ス・べべ！　※赤ちゃんが女の子なら guapa［グアパ］

あなたの（男の）赤ちゃん、かわいい！

− Gracias.

グラシアス

ありがとう。

¿Cómo se llama?

コモ・セ・リャマ？

お名前は？

− Es Alvaro.

※動詞 ser の活用形（p.45）

エス・アルバロ

アルバロです。

Bonito nombre.

ボニート・ノンブレ

素敵なお名前ですね。

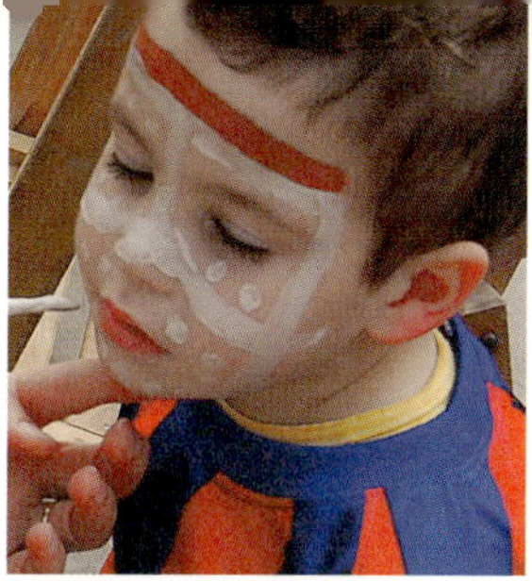

Sobre moda

ファッションについて

ファッションに興味がある人は、素敵な靴や洋服を身につけている人を見かけたら、気軽に質問してみましょう。好みのファッションアイテムを買えるお店が見つかるかもしれません。

Disculpe, me gusta mucho su bolso. ¿Dónde se puede comprar?

ディスクルペ、メ・グスタ・ムチョ・ス・ボルソ。ドンデ・セ・プエデ・コンプラール？

すみません、あなたのバッグがとても気に入りました。どこで買えるんですか？

collar [コリャール] (m.) ネックレス、**ropa** [ルロパ] (f.) 洋服、**cinturón** [シントゥロン] (m.) ベルト などで応用可能。名前が分からなければ、**esto** [エスト] これ と指を差しましょう。

– Esto lo compré en el mercadillo (la tienda) de la Barceloneta.

エスト・ロ・コンプレ・エン・エル・メルカディーリョ（ラ・ティエンダ）・デ・ラ・バルセロネタ

これはバルセロネタの青空市（お店）で買ったのよ。

¿Dónde está ese mercadillo (esa tienda) ?

ドンデ・エスタ・エセ・メルカディーリョ（エサ・ティエンダ）？

その青空市（お店）はどこにあるんですか？

※ ¿Dónde está ～？「～はどこですか？」(p.89)

– En frente de la estación de Barceloneta, al lado del puerto.

エン・フレンテ・デ・ラ・エスタシオン・デ・バルセロネタ、アル・ラド・デル・プエルト

バルセロネタの駅前で、港の隣よ。

Gracias, voy a ver.

グラシアス、ボイ・ア・ベール

ありがとう、見に行きます。

ENSAYO

いろいろなほめ方（1）

現地の人のファッションなどをほめれば、生の情報が得られる上に、お友達もできるかもしれません。いろいろなほめ方を覚えましょう。

感嘆文 (p.43) は、ほめるときにぴったりです。

¡Qué bonito anillo!

ケ・ボニート・アニーリョ！

なんて素敵な指輪！

Me gusta ～. Me encanta ～. で「私は～が好き」という意味です。対象が複数形の場合は、**Me gustan ～. /Me encantan ～.** になります。

Me gusta mucho su abrigo.

メ・グスタ・ムチョ・ス・アブリゴ

あなたの上着がとても好きです。

Me encantan sus botas.

メ・エンカンタン・スス・ボタス

あなたのブーツがとても好きです。

botas と同様に **zapatos**［サパトス］(m.) (pl.) 靴、**pantalones**［パンタロネス］(m.) (pl.) ズボン も複数扱いになります。

Echar un vistazo al mercadillo

青空市をのぞく

手作りの革製品やアクセサリーの市場は、街のいろいろなところに出ています。あなただけの一点もののおみやげが見つかるかも。

¡Hola! ¿Usted ha hecho este bolso?
オラ！　ウステ・ア・エチョ・エステ・ボルソ？
こんにちは！　あなたがこのバッグを作ったのですか？

– Sí.
シ
はい。

Es muy bonito. ¿Cuánto tiempo tarda para hacerlo?
エス・ムイ・ボニート。クアント・ティエンポ・タルダ・パラ・アセールロ？
とても素敵ですね。作るのにどのくらい時間がかかるのですか？

– 2 semanas más o menos.
ドス・セマナス・マス・オ・メノス
大体２週間くらいだよ。

Vaya mucho trabajo.
バヤ・ムチョ・トラバホ
それは大変なお仕事ですね。

– No pasa nada.
ノ・パサ・ナダ
大したことないよ。

ENSAYO

いろいろなほめ方（2）

素敵な手作りの品を見つけたら、思いきりほめましょう。少しとっつきにくい雰囲気の職人さんも、一気に笑顔になるかもしれません。

Muy bien hecho / hecha.

ムイ・ビエン・エチョ／エチャ

とてもよくできていますね。

※指す商品が男性名詞／女性名詞で語尾が変わります。

Es un trabajo de maestro.

エス・ウン・トラバホ・デ・マエストロ

まるで巨匠のお仕事ですね。

Sus productos me alucina / alucinan.

スス・プロドゥクトス・メ・アルシナ／アルシナン

あなたのこの商品（たち）に魅了されています。

※指す商品が単数／複数で語尾が変わります。

Preguntar el nombre y agradecer

名前を尋ねて、お礼を言う

名前を呼んでお礼を言うのは、最高のコミュニケーション！　親切にしてくれた通りすがりの人や、希望の商品を探してくれた店員さんなどには、お別れの前にまずあなたが名乗って、相手の名を聞いてお礼を言いましょう。

Me llamo ～ .

メ・リャモ～

私の名前は～です。

もっと簡単に、動詞 ser を使ってもいいでしょう（p.45）。

Soy ～ .

ソイ～

私は～です。

そして、相手の名前を聞きます。

¿Cómo se llama usted?

コモ・セ・リャマ・ウステ？

あなたのお名前は何ですか？

– Me llamo Jordi.

メ・リャモ・ジョルディ

私の名前はジョルディです。

Sr. Jordi, muchas gracias por su amabilidad.

セニョール・ジョルディ、ムチャス・グラシアス・ポル・ス・アマビリダ

ジョルディさん、ご親切にありがとう。

相手が女性で、若いもしくは未婚既婚が不明なら **Srta.** ［セニョリータ］、かなり年配なら **Sra.** ［セニョーラ］ を名前の前につけます。

– De nada.

デ・ナダ

どういたしまして。

Adiós.

アディオス

さようなら。

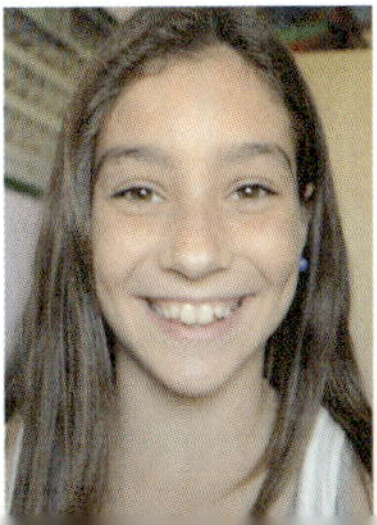

Hacer un picnic
ピクニックをする

バルやレストランでの食事もいいけれど、スペインならではの晴天に恵まれたら、気持ちのいい景色を眺めながら、地元の人たちに混じってピクニックをしてみませんか？　青い空を見上げながら芝生や砂浜に寝そべれば、とっておきのリラックスタイム！

Participar en el picnic

ピクニックに加わる

スペイン人はピクニックが大好き！　ちょっと知り合いになったら誘われる…
ということがあるかも。

– ¿Qué comida vas a hacer hoy?

ケ・コミダ・バス・ア・アセール・オイ？

今日のランチはどうするの？

No lo sé. No tengo ningún plan.

ノ・ロ・セ。ノ・テンゴ・ニングン・プラン

分からない。何のプランもないよ。

– ¡Vamos a hacer el picnic con mis amigos! ¿Qué te parece?

バモス・ア・アセール・エル・ピクニック・コン・ミス・アミーゴス！ ケ・テ・パレセ？

私の友達とピクニックをしよう！　どう？

Buena idea.

ブエナ・イデア

いいアイデアだね。

– Nos vemos a la 1, en la entrada principal del parque.

ノス・ベモス・ア・ラ・ウナ、エン・ラ・エントラーダ・プリンシパル・デル・パルケ

１時に、公園の正門で会いましょう。

¿Qué hay que llevar?

ケ・アイ・ケ・リェバール？

何か持っていく必要がある？

– Alguna comida y bebida para compartir.

アルグナ・コミダ・イ・ベビーダ・パラ・コンパルティール

何かシェアできる食べ物と飲み物。

¡Vale, hasta ahora!

バレ、アスタ・アオラ！

了解、じゃあまたすぐ後で！

GRAMÁTICA

誘いの文

「¡Vamos ＋ a ＋ 動詞の原形！」で英語の Let's と同じ「～しましょう」という誘いの文になります。

¡Vamos a tomar algo!

バモス・ア・トマール・アルゴ！

ちょっと１杯やりましょう！

これはとてもよく使う表現です。

¿Qué necesita para un picnic?

ピクニックに何が必要？

bocadillo ［ボカディーリョ］(m.) サンドイッチ さえあれば、十分ピクニックができます。でも、せっかくなので準備万端で出かけましょう！

servilleta ［セルビリェタ］(f.) ナプキン（紙も布も）

vaso de plástico ［バソ・デ・プラスティコ］(m.)
プラスチック製のコップ

plato de plástico ［プラト・デ・プラスティコ］(m.)
プラスチック製の皿

tenedor de plástico ［テネドール・デ・プラスティコ］(m.)
プラスチック製のフォーク

cuchara de plástico ［クチャラ・デ・プラスティコ］(f.)
プラスチック製のスプーン

cuchillo ［クチーリョ］(m.) ナイフ

sacacorchos ［サカコルチョス］(m.) コルク抜き

vino ［ビノ］(m.) ワイン

agua ［アグア］(m.) 水

tejido ［テヒード］(m.) 布
大判のスカーフだと、かさ張らず敷物に便利。

El menú típico de un picnic

定番のピクニックメニュー

青空の下や海辺で食べると、何でもおいしい！

bocadillo ［ボカディーリョ］(m.) サンドイッチ
定番中の定番メニュー。アルミホイルに包むと食べやすい。

pan ［パン］(m.) パン
おかずがある場合は、必ずパンを添えて。

jamón ［ハモン］(m.) 生ハム
パンにのせたりそのまま食べたり。

embutidos ［エンブティードス］(m.) (pl.) 生ハム以外の腸詰類
いろいろ少量ずつパックになったものが便利。

queso ［ケソ］(m.) チーズ
ナイフを持参して、各自好きなだけ切って食べます。

ensalada ［エンサラダ］(f.) サラダ
ボリュームのあるお米やマカロニのサラダが定番。

patatas fritas ［パタタス・フリータス］(f.) (pl.) ポテトチップス
おつまみにもおやつにも。袋を完全に破いて「パーティ開け」。

aceitunas ［アセイトゥーナス］(f.) (pl.) オリーブ
子どもも大人も大好き。種無しが食べやすいかも。

tortilla de patata ［トルティーリャ・デ・パタタ］(f.) じゃがいも入りオムレツ
フライパン１つでできる、簡単でおいしいスペイン料理。一口サイズに切っておきましょう。

Conversación del picnic

ピクニックの会話

公園や海辺に行ったら、こんな会話があちこちから聞こえてくるかも！

¡Qué agradable!

ケ・アグラダブレ！

なんて気持ちがいいの！

¡Salud!

サルー！

乾杯！

Estoy disfrutando mucho.

エストイ・ディスフルタンド・ムチョ

とても楽しんでいます。

¡Páseme el vino, por favor!

パセメ・エル・ビノ、ポル・ファボール！

ワインを取ってください！

– Aquí tienes.

アキ・ティエネス

はい、どうぞ。

¿Me puede cortar un trozo de queso?

メ・プエデ・コルタール・ウン・トロソ・デ・ケソ？

チーズを1きれ切ってくれる？

– ¿Qué tal?

ケ・タル？

どう？

Está muy sabroso.

※女性名詞なら sabrosa［サブロサ］

エスタ・ムイ・サブロソ

すごくおいしいよ。

複数のものを指して「おいしい」と言う場合は、男性名詞か女性名詞かによって、**sabrosos**［サブロソス］または **sabrosas**［サブロサス］になります。

Conversación del picnic

ピクニックの会話

ENSAYO

君？ あなた？

スペイン語の人称代名詞は p.22 で説明しましたが、**tú** [トゥ] 君、**usted** [ウステ] あなた のように、2 人称単数の主語が 2 種類あることに気がつきましたか？ これらは時と場合、相手によって使い分けます。明らかにあなたより年上の人、初対面の従業員、ホテルや高級レストランなどかしこまった場所では **usted** を使います（距離を置きたいタイプの人にも…）。一方、バルやクラブなどくだけた場所で出会った人には、初対面から **tú** で。分からないときは **usted** で様子を見て、

– Me puedes tutear.
メ・プエデス・トゥテアール
tú で話していいですよ。

と言われたら、**tú** で話しましょう。

SALVAMENTO MARITIMO

Ir a los sitios turísticos

観光施設へ

ピクニックでお腹が膨れたら、観光名所へ繰り出しましょう。教会や大聖堂など宗教的な建物、世界遺産の建築物、または塔やアート施設など、観光名所にもいろいろあります。好奇心にまかせて気ままに歩けば、あなただけの名所が見つかるかも！

Comprar la entrada

チケットを買う

目的の名所に着いたら、まずはチケットを買って中へ入りましょう。**taquilla**［タキーリャ］（f.）窓口 での買い方はとても簡単！ 大きな声ではっきりと発音しましょう。

¡Hola! 1 entrada, por favor.

オラ！ ウナ・エントラーダ、ポル・ファボール！

こんにちは！ 入場券を1枚ください。

– Aquí tiene. Son 9 euros.

アキ・ティエネ。ソン・ヌエベ・エウロス

はい、どうぞ。9ユーロです。

小さな子どもは無料かもしれないので、聞いてみましょう。

¿Hay que pagar para este niño de 3 años?

アイ・ケ・パガール・パラ・エステ・ニーニョ・デ・トレス・アニョス？

3歳のこの（男の）子の分も払わなければなりませんか？

※女の子なら niña［ニーニャ］

– No, los niños menores de 5 son gratis.

ノ、ロス・ニーニョス・メノーレス・デ・シンコ・ソン・グラティス

いいえ、5歳以下のお子さんは無料です。

学生なら、国際学生証で割引になることも。

¿Hay descuento con este carné?

アイ・デスクエント・コン・エステ・カルネ？

このカードで割引がありますか？

– Sí, hay 2 euros de descuento.

シ、アイ・ドス・エウロス・デ・デスクエント

はい、２ユーロの割引があります。

¡Qué suerte!

ケ・スエルテ！

ラッキー！

El vocabulario de los sitios turísticos

観光施設の単語

様々な観光施設に共通する単語から、アート関係の単語まで。スペイン語を知っていれば、ちょっとした表示や説明を読むのに役立ちます。

billete / entrada [ビリェテ] (m.) ／ [エントラーダ] (f.) 入場券

entrada [エントラーダ] (f.) 入り口

salida [サリダ] (f.) 出口

prohibido [プロイビード] (m.) 禁止

audioguía [アウディオギア] (m.) 音声ガイド

folleto [フォリェト] (m.) パンフレット

taquilla [タキーリャ] (f.) チケット売り場

ascensor [アッセンソール] (m.) エレベーター

escalera [エスカレーラ] (f.) 階段

información [インフォルマシオン] (f.) インフォメーション

horario [オラリオ] (m.) 営業時間

tarifas [タリファス] (f.) (pl.) 料金

exposición [エクスポシシオン] (f.) 展示

museo ［ムセオ］(m.) 美術館

sala ［サラ］(f.) ホール

obra ［オブラ］(f.) 作品

pintor ［ピントール］(m.) 男性画家

pintora ［ピントーラ］(f.) 女性画家

pintura ［ピントゥーラ］(f.) 絵画

grabado ［グラバード］(m.) 版画

escultura ［エスクルトゥーラ］(f.) 彫刻

escultor ［エスクルトール］(m.) 男性彫刻家

escultora ［エスクルトーラ］(f.) 女性彫刻家

acuarela ［アクアレラ］(f.) 水彩画

pintura al óleo ［ピントゥーラ・アル・オレオ］(f.) 油絵

mosaico ［モサイコ］(m.) モザイク

piedra ［ピエドラ］(f.) 石

cerámica ［セラミカ］(f.) 陶器

mármol ［マルモル］(m.) 大理石

madera ［マデラ］(f.) 木

Chequear las obras importantes

見どころをチェック

小さな施設なら全部ゆっくり見られますが、大きな施設では先に作品をチェックしておかないと、せっかくの目玉を見逃してしまうことも。

¿Me puede dar un plano, por favor?

メ・プエデ・ダル・ウン・プラノ、ポル・ファボール？

（館内の）地図をくれませんか？

– Sí, tome.

シ、トメ

ええ、どうぞ。

注目の作品には番号がついていて、施設内の地図に示されています。もし見つからなければ、係の人に聞きましょう。

Disculpe, ¿dónde está Las Meninas de Velázquez?

ディスクルペ、ドンデ・エスタ・ラス・メニーナス・デ・ベラスケス？

すみません、ベラスケスの「女官たち」はどこですか？

– Está en la sala 5. Suba las escaleras y a la mano derecha.

エスタ・エン・ラ・サラ・シンコ。スバ・ラス・エスカレーラス・イ・ア・ラ・マノ・デレチャ

５番のサロンにあります。階段を上って右手です。

スペイン語で答えられても理解できる自信がなかったら、地図とボールペンを差し出して、こう言いましょう。

¿Puede marcar donde está? Y donde estamos también.

プエデ・マルカール・ドンデ・エスタ？ イ・ドンデ・エスタモス・タンビエン

どこにあるか印をつけてもらえますか？ そして私たちがどこにいるかも。

ENSAYO

「～はどこですか？」

「～はどこですか？」と聞きたい場合は、**¿Dónde está ～?**［ドンデ・エスタ～?］です。行きたい場所はもちろん、人の居場所を尋ねるときにも使える便利な表現です。

¿Dónde está la información turística?

ドンデ・エスタ・ラ・インフォルマシオン・トゥリスティカ？

観光案内所はどこですか？

¿Dónde está la guardia?

ドンデ・エスタ・ラ・グアルディア？

警備員さんはどこですか？

Las indicaciones del museo etc.

美術館、博物館などの表示

すばらしい作品が展示される館内には、注意事項を説明する表示があります。分かりやすくイラストになっているものや、スペイン語の他、他国語が併記されているものもあります。

Prohibido hacer fotos

[プロイビード・アセール・フォトス]　撮影禁止

Prohibido usar flash

[プロイビード・ウサール・フラッシュ]　フラッシュ利用禁止

Prohibido comer y beber

[プロイビード・コメール・イ・べベール]　飲食禁止

Prohibido fumar

[プロイビード・フマール]　禁煙

Prohibidos los pantalones cortos y ropa sin mangas

[プロイビード・ロス・パンタロネス・コルトス・イ・ㇽロパ・シン・マンガス]

短パン、肩を出した服装禁止

Prohibido el uso del teléfono móvil

[プロイビード・エル・ウソ・デル・テレフォノ・モビル]　携帯電話禁止

もし表示に気づかずに禁止事項を行ってしまい、警備員さんに注意されたら、こう言って謝りましょう。

Lo siento, no sabía.

ロ・シエント、ノ・サビーア

すみません、知りませんでした。

No volveré a hacerlo.

ノ・ボルベレ・ア・アセールロ

もうしません。

Las indicaciones del museo etc.

美術館、博物館などの表示

言語の表示は、その地域の言語、スペイン語、英語の順になることがほとんどです。以下はバルセロナのもので、すべて上から順に、カタルーニャ語、スペイン語、英語となっています。

Benvinguts
La venda d'entrades finalitza 30 minuts abans del tancament del Museu.
La sortida del públic comença 15 minuts abans del tancament.
No s'accepten animals, llevat de gossos pigall.
El Museu es reserva el dret d'admissió.
Podeu consultar les normes per a la visita al Museu al taulell d'informació.
Us desitgem que gaudiu de la vostra visita al MNAC.
Bienvenidos
La venta de entradas finaliza 30 minutos antes del cierre del Museo.
La salida del público empieza 15 minutos antes del cierre.
No se aceptan animales, excepto perros guía.
El Museo se reserva el derecho de admisión.
Puede consultar las normas para la visita al Museo en el mostrador de información.
Le deseamos que disfrute de su visita al MNAC.
Welcome
The sale of tickets ends 30 minutes before the Museum closes.
The public begin leaving the exhibition rooms 15 minutes before the Museum closes.
It is forbidden to enter with animals, except for guide dogs.
The MNAC reserves the right of admission.
You can consult the rules of the visit to the Museum at the information desk.
We wish that you enjoy the visit to the MNAC.

GUARDA-ROBA
GUARDARROPA
CLOAKROOM

携行品預かり所

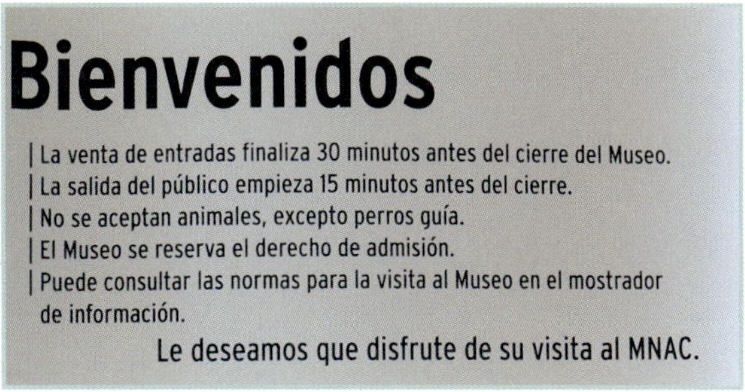
Bienvenidos
| La venta de entradas finaliza 30 minutos antes del cierre del Museo.
| La salida del público empieza 15 minutos antes del cierre.
| No se aceptan animales, excepto perros guía.
| El Museo se reserva el derecho de admisión.
| Puede consultar las normas para la visita al Museo en el mostrador de información.
Le deseamos que disfrute de su visita al MNAC.

ようこそ
チケットの販売は美術館が閉館する 30 分前に終了します。
入館者は閉館時間の 15 分前に展示室を出はじめます。
盲導犬以外の動物の入場はお断りします。
入館許可の権利は美術館にあります。
美術館を訪れるための規定について、インフォメーションカウンターにて相談できます。
MNAC（※カタルーニャ美術館）訪問を楽しまれることを願います。

出口

Sortida
Salida
Exit

Atenció, material que taca
Atención, material que mancha
Attention, staining material

触ると汚れます
※直訳：注意、汚れる素材

Hacer fotos

写真を撮る

撮影禁止のマークがなくても、作品や場所によって禁止の場合もあります。分からないときは聞いた方がいいでしょう。

¿Está prohibido hacer fotos de esta obra?
エスタ・プロイビード・アセール・フォトス・デ・エスタ・オブラ？
この作品の写真を撮ることは禁止されていますか？

– No, adelante.
ノ、アデランテ
いいえ、どうぞ。

¿Puedo hacer fotos aquí?
プエド・アセール・フォトス・アキ？
ここで写真を撮ってもいいですか？

– Sí, pero sin flash.
シ、ペロ・シン・フラッシュ
はい、でもフラッシュなしで。

Disculpe, ¿me(nos) puede sacar una foto?
ディスクルペ、メ（ノス）・プエデ・サカール・ウナ・フォト？
すみません、私（私たち）の写真を撮ってもらえますか？

Apriete este botón, por favor.

アプリエテ・エステ・ボトン、ポル・ファボール

このボタンを押してください。

– Vale.

バレ

了解。

Preguntar varias cosas

いろいろ質問する

「この人の作品は他の場所にもあるの?」「他の見所は?」など、疑問があれば係の人にどんどん聞いてみましょう。

Me gusta mucho Sorolla. ¿Hay más obras de él?

メ・グスタ・ムチョ・ソロリャ。アイ・マス・オブラス・デ・エル?

私はソロリャが好きなんです。彼の作品はまだ他にありますか?

– Sí, por allí.

シ、ポル・アリィ

はい、あちらの方に。

¿Hay más exposición arriba?

アイ・マス・エクスポシオン・アルリバ?

上にまだ展示物がありますか?

– Arriba es una sala de exposición temporal.

アルリバ・エス・ウナ・サラ・デ・エクスポシシオン・テンポラル

上は特別展示会場です。

¿Acaba aquí?

アカバ・アキ?

ここで終わり?

– No, hay otra sala allí.

ノ、アイ・オトラ・サラ・アリィ

いいえ、あちらにまだホールがありますよ。

ENSAYO

入場無料の日

バルセロナには、毎月第一日曜日に **entrada gratis** ［エントラーダ・グラティス］入場無料 になる美術館や博物館があります。その他、街のお祭りなどの日に、無料で開放されることも。ところがこういう日は、大勢の人が詰めかけます。作品がゆっくり見られなかったり、入場制限によって長時間待たされたりして、普段より堪能できないこともあるので、注意が必要です。

Compartir una emoción

感動を共有する

すばらしい作品を見たら、誰かに感動を伝えてみましょう。スペイン風に独り言でも大丈夫！　思ったことはとりあえず口に出すのがスペイン流。

Es maravilloso / maravillosa.

エス・マラビリョソ / マラビリョサ

これはすばらしい。

※対象が男性名詞／女性名詞で語尾が変わります。

Nunca había visto una cosa así.

ヌンカ・アビア・ビスト・ウナ・コサ・アシ

これと同じようなものは見たことがない。

Vale la pena venir a ver.

バレ・ラ・ペナ・ベニール・ア・ベール

見に来る価値ありだ。

ENSAYO

近くて遠い…

建築家アントニオ・ガウディの未完の大教会 Sagrada Família [サグラダ・ファミリア] サグラダ・ファミリア には、世界中から年間約 300 万人が訪れます。ところが意外なことに、中に入ったことがないという地元の人が多いのです。入場料が高いことと、そのうち機会があれば…と思いつつ時間が過ぎている、ということが理由のようです。以前に3日間ほど無料公開の日がありました。初日はあまり知られていなかったのかすんなり入れたようですが、次の日からは、列の最後尾からサグラダ・ファミリアが見えないくらいの大行列。入場料を払ってでも普通に見たかったのに…という観光客も多かったようです。

Ir a ver el fútbol

サッカーを見に行く

これがなかったら、もうスペインじゃないかも？というくらい国中が熱くなるスポーツ、サッカー。せっかくスペインにいるなら、試合日のこの盛り上がりをぜひ、スペイン人と一緒に楽しんでみませんか？

Comprar la entrada

チケットを購入

「ゴール裏は嫌だ」「屋根のあるところがいい」「できるだけ安いチケットがほしい」など、希望のチケットを買うためのスペイン語をチェックしましょう！

¿Quedan entradas para esta noche?

ケダン・エントラーダス・パラ・エスタ・ノチェ？

今晩のチケットはまだありますか？

– Sí, todavía hay.

シ、トダビア・アイ

はい、まだありますよ。

Quiero 2 asientos seguidos.

キエロ・ドス・アシエントス・セギードス

隣同士の２席分がほしいです。

– ¿Dónde quieren ver?

ドンデ・キエレン・ベル？

どこで観たいの？

Quiero 2 asientos lo más adelante posible excepto detrás del gol.

キエロ・ドス・アシエントス・ロ・マス・アデランテ・ポシブレ・エクセプト・デトラス・デル・ゴル

ゴール裏以外で、できるだけ前の２席がほしいです。

Quiero 1 asiento en el medio para poder ver todo el campo.

キエロ・ウン・アシエント・エン・エル・メディオ・パラ・ポデール・ベル・トド・エル・カンポ

ピッチ全体が見える真ん中の１席がほしいです。

¿Cuánto cuesta el billete más barato?

クアント・クエスタ・エル・ビリェテ・マス・バラト？

一番安いチケットはいくらですか？

– Cuesta 72 euros.

クエスタ・セテンタ・イ・ドス・エウロス

72ユーロです。

Pues, me quedo con ése.

プエス、メ・ケド・コン・エセ

では、それでお願いします。

ENSAYO

サッカーのチケットを買うには

サッカーのチケットは、基本的にスタジアムの切符売り場で購入します（大都市ならば観光案内所やサッカー観戦専用の代理店で取り扱われていることも）。もちろん、インターネットでの購入も可能。ただし人気チームの席は、クラブチームの会員がほとんどキープしており、会員が座席の権利を手放した後で一般に販売されるため、試合の１週間ほど前からしか購入できません。レアル・マドリード対FCバルセロナといった人気の試合は、現地で購入するのはまず無理。日本からのツアーが確実なようです。

Conseguir más información

もっと情報を得る

チケットが買えたら、間違いなく席にたどり着けるように窓口で聞いておけば安心！　ついでに開始時間などもチェック。

Disculpe, ¿qué significan estos números?

ディスクルペ、ケ・シグニフィカン・エストス・ヌメロス？

すみません、これらの番号はどういう意味ですか？

– La puerta 22, escalera A, asiento 32B.

ラ・プエルタ・ベインティドス、エスカレラ・ア、アシエント・トレインタ・イ・ドス・ベ

22号門、A階段、32B席です。

¿Dónde está la puerta 22?

ドンデ・エスタ・ラ・プエルタ・ベインティドス？

22号門はどこですか？

– Entre de aquí, hacía la derecha.

エントレ・デ・アキ、アシア・ラ・デレチャ

ここから入って、もっと右の方だよ。

El partido comienza a las 8, ¿verdad?

エル・パルティード・コミエンサ・ア・ラス・オチョ、ベルダ？

試合は8時開始ですね？

– Exactamente.

エクサクタメンテ

確かにそうです。

¿A qué hora puedo entrar?

ア・ケ・オラ・プエド・エントラール？

何時に入れますか？

– A partir de las 5.

ア・パルティール・デ・ラス・シンコ

5時以降だよ。

GRAMÁTICA

スペイン語の時間（1）

スペインでは、公式な表記は24時間制ですが、日常生活では12時間制を使います。

Es la una.

エス・ラ・ウナ

1時です。

2時以降は複数形になり、**es la**［エス・ラ］の代わりに「**son las**［ソン・ラス］＋数字」が使われます。

Son las dos.

ソン・ラス・ドス

2時です。

「～分」は「**y**［イ］＋数字」を付け加えます。

Son las dos y diez.

ソン・ラス・ドス・イ・ディエス

2時10分です。

ただし「15分」は、4分の1を表わす **cuarto**［クアルト］、「30分」は、半分を表わす **media**［メディア］を使います。

Son las tres y cuarto.

ソン・ラス・トレス・イ・クアルト

3時15分です。

Son las siete y media.

ソン・ラス・シエテ・イ・メディア

7時30分です。

Esperar los jugadores

選手を待つ

たとえちらっとでも、スタジアム入りする選手が見られたらうれしいですね。大勢の人が集まっていたら、選手待ちなのかもしれません。

!Hola! ¿Por aquí pasan los jugadores?
オラ！　ポル・アキ・パサン・ロス・フガドーレス？
こんにちは！　ここを選手が通るのですか？

– Sí, por eso estamos esperando.
シ、ポル・エソ・エスタモス・エスペランド
はい、だからここで待っているんです。

¿Más o menos a qué hora van a pasar?
マス・オ・メノス・ア・ケ・オラ・バン・ア・パサール？
大体何時ごろ通るんですか？

– No lo sé.
ノ・ロ・セ
分かりません。

¿Hace mucho tiempo que están esperando?
アセ・ムチョ・ティエンポ・ケ・エスタン・エスペランド？
長い間待っているのですか？

– No, sólo un cuarto de hora… ¡Ya vienen!
ノ、ソロ・ウン・クアルト・デ・オラ…。ヤ・ビエネン！
いいえ、ほんの15分です…。あ、来るよ！

ENSAYO

試合の日程

サッカーの試合日には、曜日や時間帯などのルールはありません。日程や開始時刻は、スペインリーグの公式サイトなどでチェックしても変更になることが多く、試合の１週間前くらいまで確定しません。訪問する街で絶対サッカーを見たい！と思うなら、３日間くらいはその街に滞在しましょう。

Comprar los objetos para animar el equipo

応援グッズを購入

たとえチケットがとれなくても、バルでも試合は観戦できます。まずは、応援グッズを準備しましょう。スペイン人は、大事な試合の日は朝からチームのシャツなどを身につけて、気持ちを盛り上げます！

Disculpe, ¿dónde hay camisetas de primera equipación?

ディスクルペ、ドンデ・アイ・カミセタス・デ・プリメラ・エキパシオン？

すみません、ホームスタジアムの試合用のシャツはどこにありますか？

– Están aquí.

エスタン・アキ

こちらです。

¿Cuánto cuestan?

クアント・クエスタン？

いくらですか？

– Con el nombre 72 euros, sin el nombre 59 euros.

コン・エル・ノンブレ・セテンタ・イ・ドス・エウロス、シン・エル・ノンブレ・シンクエンタ・イ・ヌエベ・エウロス

ネーム入りは72ユーロ、なしは59ユーロです。

¿Puedo probarla?

プエド・プロバルラ？

試着はできますか？

– Sí, allí hay un probador.

シ、アリィ・アイ・ウン・プロバドール

ええ、あちらに試着室があります。

ENSAYO

人気の応援グッズ

スペインではおなじみの、サッカー応援グッズを
見てみましょう。

camiseta de primera equipación ※直訳：第1のシャツ

［カミセタ・デ・プリメラ・エキパシオン］(f.)

ホームスタジアムの試合で着用するシャツ

お気に入りの選手の名前と背番号が入ったものをぜひ！

camiseta de segunda equipación ※直訳：第2のシャツ

［カミセタ・デ・セグンダ・エキパシオン］(f.)

アウェイの試合で着用するシャツ

シャツにもいろいろあります。

bandera ［バンデラ］(f.) 旗

スペインではテラスに掲げられています。

bufanda ［ブファンダ］(f.) マフラー

冬の観戦の必需品。生地も色柄も様々。

gorro ［ゴルロ］(m.) 帽子

毛糸のものやキャップなど、いろいろあります。

chaqueta ［チャケタ］(f.) 上着

試合のない日も着られます。

llavero ［リャベロ］(m.) キーホルダー

ちょっとしたおみやげや記念に。

cartel ［カルテル］(m.) ポスター

感動を忘れないように、帰ったら部屋に飾って。

Animar al equipo favorito

ひいきのチームを応援する

情熱的に感情を表に出すスペイン人と一緒にサッカーを観戦するなら、あなたも盛り上がらなくちゃ損！ 大きな声で応援しましょう。

¡Ánimo!

アニモ！

がんばれ！

¡Venga!

ベンガ！

行け！

¡Gol!

ゴル！

シュート！

¡Muy bien!

ムイ・ビエン！

よし、いいぞ！

¡Estupendo!

エストゥペンド！

最高！

¡Corre, rápido!

コルレ、ルラピド！

走れ、早く！

¡Cuidado!

クイダード！

危ない！

ENSAYO

熱い応援を楽しもう！

スポーツ観戦は誰しも熱くなるものですが、スペインと日本とは少し勝手が違います。みんなで応援歌を歌ったり、ウェーブをしたりもしますが、基本的には、個々人が思い思いのことを叫ぶのが、スペイン流の応援スタイル。まるで監督のように指示を出す人もいれば、選手を息子のようにほめたりけなしたりする人も。ちょっとうるさいかもしれませんが、スタジアムにしろ、バルにしろ、スペインでサッカーを観戦するなら、そんな雰囲気も楽しんでください。気がついたら、見知らぬ隣の人とガッツポーズ！なんてこともよくあります。

Hacer amistad entre admiradores

ファン同士仲良くなる

共通の趣味を持つと仲良くなりやすいのは、どこの国でも一緒。近くの席の人といい試合を一緒に楽しめたら、それも1つの出会いです。

El Barça es fantástico.

エル・バルサ・エス・ファンタスティコ

バルサ、最高ですね。

※Barça［バルサ］は、F.C.Barcelona［フットボール・クルブ・デ・バルセロナ］の愛称

– Sí, verdad. ¿De dónde eres?

シ、ベルダ。デ・ドンデ・エレス？

ああ、本当にね。どこから来たの？

Soy de Japón. He venido a España para ver el partido del Barça.

ソイ・デ・ハポン。エ・ベニード・ア・エスパーニャ・パラ・ベル・エル・パルティード・デル・バルサ

日本です。バルサの試合を見にスペインに来たんです。

– Valió la pena. Somos colegas.

バリオ・ラ・ペナ。ソモス・コレガス

来た甲斐があったね。僕たち仲間だよ。

Vamos a hacernos fotos juntos.

バモス・ア・アセールノス・フォトス・フントス

一緒に写真を撮ろう。

Sí, con mucho gusto.
シ、コン・ムチョ・グスト
ええ、喜んで。

– Dame tu dirección de correo electrónico.
ダメ・トゥ・ディレクシオン・デ・コﾙレオ・エレクトロニコ
メールアドレスを教えて。

ENSAYO

スペイン人とサッカー

３度の食事より大事だという人も少なくない、スペインの国技サッカー。女性では興味のない人もいますが、大事な試合がある日はデートもお預けなので、まったく無関係とはいきません。仕事のシフトもサッカーの日程を中心にしたり、合間に試合中継を見たり聞いたりと、もはや中毒気味の熱狂的なファンも多くいます。スペイン人男性と仲良くなるには、彼の好きなサッカーチームの話題についていけると効果的かも？

Ir a ver el flamenco

フラメンコを見に行く

滞在中、一度は見たいフラメンコ。実はスペインの中でも、フラメンコを見たことがない人が多い地域もあれば、誰もがフラメンコのリズムで軽く踊れる地域もあります。

Ir a comprar la entrada

チケットを買いに行く

ショーはディナー付き、ドリンク付き、ショーのみなど様々。窓口の人と相談して希望に合うチケットを手に入れられれば、思い出に残る夜になることでしょう。

Quiero ver el flamenco esta noche, ¿puedo reservar?

キエロ・ベル・エル・フラメンコ・エスタ・ノチェ、プエド・ルレセルバール？

今晩フラメンコを見たいのですが、予約できますか？

– Sí. ¿Quiere comprar la entrada ahora?

シ。キエレ・コンプラール・ラ・エントラーダ・アオラ？

ええ。今チケットを購入されますか？

Sí.

シ

はい。

– Con la cena, desde las 9, con la bebida, desde las 11.

コン・ラ・セナ、デスデ・ラス・ヌエベ、コン・ラ・ベビーダ、デスデ・ラス・オンセ

ディナー付きは９時から、ドリンクのみは１１時からです。

¿Cómo es la cena?

コモ・エス・ラ・セナ？

ディナーはどんなものですか？

– Es un menú de 2 platos y 1 postre. Le enseño la carta.

エス・ウン・メヌー・デ・ドス・プラトス・イ・ウン・ポストレ、レ・エンセーニョ・ラ・カルタ

２皿とデザート１品のコースです。メニューをお見せします。

Es mucha cantidad para mí. Pues, con la bebida, por favor.

エス・ムチャ・カンティダ・パラ・ミ。プエス、コン・ラ・ベビーダ、ポル・ファボール

私には量が多すぎます。では、ドリンク付きのものを、お願いします。

– ¿Sólo para usted?

ソロ・パラ・ウステ？

お１人分ですか？

Sí, sólo para mí.

シ、ソロ・パラ・ミ

はい、私の分だけです。

– 35 euros.

トレインタ・イ・シンコ・エウロス

35 ユーロです。

ENSAYO

フラメンコを見に行くファッション

フラメンコを見に行くのに、正装する必要はありません。ジーンズにスニーカーでもいいし、もちろんワンピースでも OK。でもせっかくショーを見に行くなら、少しお洒落をしてみませんか？　さり気なくフラメンコを取り入れたファッションはどうでしょう。フラメンコを思わせる水玉の洋服を着たり、髪をアップにして大振りのアクセサリーや花飾りをつけてみたり。ショールを肩にかけたり腰に巻いたりしても、どこかフラメンコっぽくなります。

Pedir un taxi en el hotel

ホテルでタクシーを頼む

観光客としては、できれば早い時間に見たいものですが、スペインのコンサートやライブ、ショーはとても夜が遅いのです。週末は遅くまで地下鉄がありますが、おめかしして出かける夜は、スペイン人もタクシーをよく使います。

Disculpe, esta noche voy a ver el flamenco, ¿puede llamarme un taxi?

ディスクルペ、エスタ・ノチェ・ボイ・ア・ベル・エル・フラメンコ、プエデ・リャマルメ・ウン・タクシー？

すみません、今晩フラメンコを見に行くので、タクシーを呼んでもらえますか？

— Sí, por supuesto. ¿Para qué hora quiere el taxi?

シ、ポル・スプエスト。パラ・ケ・オラ・キエレ・エル・タクシー？

ええ、もちろんです。何時にお呼びしましょうか？

Es aquí. ¿Cuánto tiempo tardará desde aquí?

エス・アキ。クアント・ティエンポ・タルダラ・デスデ・アキ？

(住所を見せて)場所はここです。ここからどれくらいかかるでしょうか？

— En coche, tardará más o menos 10 minutos.

エン・コチェ、タルダラ・マス・オ・メノス・ディエス・ミヌートス

車だと、10分くらいですよ。

Entonces, a las 11 menos cuarto, por favor.

エントンセス、ア・ラス・オンセ・メノス・クアルト、ポル・ファボール

じゃあ、11時15分前にお願いします。

– De acuerdo.

デ・アクエルド

承知しました。

GRAMÁTICA

スペイン語の時間（2）

スペイン語で時間を表わすとき、30分以降は、**menos**［メノス］より少ない という語を用いて、「〜時…分前」と表現することが多くあります。

Son las diez menos diez. ※直訳：10時10分前

ソン・ラス・ディエス・メノス・ディエス

9時50分です。

15分前は **cuarto**［クアルト］を使います（p.105）。

Son las nueve menos cuarto. ※直訳：9時15分前

ソン・ラス・ヌエベ・メノス・クアルト

8時45分です。

Llegar al tablao

会場に着いて

あらかじめ席が決まっているところもあれば、早いもの順のところも。せっかくなら前の方で見たいですよね。人気のお店なら少し早めに行った方がいいでしょう。

Soy 〜. He reservado esta mañana.

ソイ〜。エ・ルレセルバード・エスタ・マニャーナ

〜です。今朝予約しました。

– Sí. 35 euros, por favor.

シ。トレインタ・イ・シンコ・エウロス、ポル・ファボール

はい。35 ユーロ、お願いします。

Ya he pagado. Mire aquí tengo el ticket.

ヤ・エ・パガード。ミレ・アキ・テンゴ・エル・ティケッ

もう払いましたよ。見てください、ここにレシートを持っています。

– Sí, es verdad.

シ、エス・ベルダ

そうですね、そのとおりですね。

こういうことがあるため、レシートはきちんと取っておきましょう。

¿El asiento está reservado?
エル・アシエント・エスタ・ㇽレセルバード？
座席は決まっていますか？

– No, siéntese donde quiera.
ノ、シエンテセ・ドンデ・キエラ
いいえ、どこでも好きなところに座ってください。

De acuerdo.
デ・アクエルド
分かりました。

– ¿Qué quiere tomar?
ケ・キエレ・トマール？
何を飲みたいですか？

Una copa de vino tinto, por favor.
ウナ・コパ・デ・ビノ・ティント、ポル・ファボール
グラスの赤ワインをお願いします。

Jalear

かけ声をかける

舞台の人たちを盛り上げるのが、観客の手拍子とかけ声。いいタイミングで声がかけられたら、あなたもフラメンコ上級者！　舞台との一体感が感じられるのも、フラメンコの楽しみの１つ。

¡Olé!

オレ！

オレ！

¡Guapa!

グアパ！

美人さん！

¡Vamos allá!

バモス・アリャ！

さあ行こう！

¡Bien!

ビエン！

いいぞ！

ENSAYO

フラメンコのボキャブラリー

ちょっとした単語を覚えておけば、周りの人たちの会話も少し分かって、断然おもしろくなるはず。

tablao［タブラオ］(m.)　フラメンコショーの会場
escenario［エスセナリオ］(m.)　舞台
bailadora / bailaora［バイラドーラ］／［バイラオーラ］(f.)
　踊り手（女性）
bailador / bailaor［バイラドール］／［バイラオール］(m.)
　踊り手（男性）
cantante / cantaora［カンタンテ］／［カンタオーラ］(f.)
　歌い手（女性）
cantante / cantaor［カンタンテ］／［カンタオール］(m.)
　歌い手（男性）
guitarrista［ギタルリスタ］(m.) (f.)　ギター奏者
palmas［パルマス］(f.) (pl.)　（フラメンコの）手拍子
público［プブリコ］(m.)　観客
artistas［アルティスタス］(m.) (f.) (pl.)　アーティスト
baile［バイレ］(m.)　踊り
cante［カンテ］(m.)　（フラメンコの）歌
CD［セーデー］(m.)　CD

Trasmitir los sentimientos

感想を述べる

たとえ一人旅でも、感動は誰かと共有したいもの。にっこり笑って隣の人に話しかけたり、ホテルでフロントの人に感想を言ったりしてみましょう。とにかく思ったことを口にするのが、楽しくなる秘訣！

— ¿Qué tal el flamenco?
ケ・タル・エル・フラメンコ？
フラメンコはどうでしたか？

Ha sido muy impactante.
ア・シード・ムイ・インパクタンテ
迫力があってとてもよかったです。

Me he emocionado.
メ・エ・エモシオナード
感動しました。

Quiero ver otra vez.
キエロ・ベル・オトラ・ベス
またもう一度見たいです。

— ¿Usted sabe bailar flamenco?
ウステ・サベ・バイラール・フラメンコ
あなたはフラメンコが踊れますか？

No, no sé bailar. Pero, me gustaría.
ノ、ノ・セ・バイラール。ペロ、メ・グスタリーア
いいえ、踊れません。でも、踊れたらなあ。

Quiero comprar un CD de flamenco, ¿sabe dónde se puede comprar?

キエロ・コンプラール・ウン・セーデー・デ・フラメンコ、サベ・ドンデ・セ・プエデ・コンプラール？

フラメンコのCDが買いたいのですが、どこで買えますか？

− En la tienda de música de los grandes almacenes hay sección de flamenco.

エン・ラ・ティエンダ・デ・ムシカ・デ・ロス・グランデス・アルマセネス・アイ・セクシオン・デ・フラメンコ

デパートの音楽ショップにフラメンコのコーナーがありますよ。

GRAMÁTICA

使える言い回し「saber ＋動詞の原形」

「〜ができる」という表現には、可能動詞「poder［ポデール］＋動詞の原形」を使います。

Puedo bailar flamenco.

プエド・バイラール・フラメンコ

私はフラメンコが踊れます。

実際の会話では、「知る」という動詞「saber［サベール］＋動詞の原形」もよく使われます。

Sé muy bien bailar flamenco.

セ・ムイ・ビエン・バイラール・フラメンコ

私はフラメンコがとても上手に踊れます。

動詞 saber は特殊な活用をするので、覚えましょう。

yo	sé	［セ］
tú	sabes	［サベス］
usted / él / ella	sabe	［サベ］
nosotros	sabemos	［サベモス］
vosotros	sabéis	［サベイス］
ustedes / ellos / ellas	saben	［サベン］

Y por último
おわりに

He disfrutado mucho este viaje.
エ・ディスフルタード・ムチョ・エステ・ビアへ
とても楽しい旅行だったなあ。

Tengo muy buenos recuerdos.
テンゴ・ムイ・ブエノス・ルレクエルドス
すごくいい思い出がいっぱい。

¡Qué pena! El tiempo pasa volando.
ケ・ペナ！　エル・ティエンポ・パサ・ボランド
残念！　時間が経つのは早いなあ。

Seguro que volveré.
セグロ・ケ・ボルベレ
絶対また来ます。

Agradezco a mi querido compañero de la vida y fotógrafo Manuel Iglesias Alvarez por las fotografías simpáticas y la corrección. También agradezco por sus colaboraciones a los amigos de Barcelona. ¡Muchísimas gracias!

企画・編集　尾原 美保　http://www.visualbook.jp/
デザイン　木ノ下 努［アロハデザイン］　http://www.aloha-design.com/

秦　真紀子
Makiko Hata

2000 年よりスペイン在住。バルセロナ大学などに語学留学後、製菓や料理、ワインについて学ぶ。スペイン認定ソムリエ資格保持。現在はフリーライターとして雑誌や新聞、Web にコラムなどを寄稿。取材コーディネートと通訳も行う。著書に『バルのスペイン語』（三修社）、『旅するバルセロナ』（翔泳社）がある。

ブログ「La vida es preciosa」http://blog.livedoor.jp/lavidaespreciosa/
執筆サイト「All About スペイン・バルセロナ」http://allabout.co.jp/gm/gt/330/

街歩きのスペイン語

2012 年 10 月 20 日　第 1 刷発行

著　者　秦 真紀子
発行者　前田 俊秀
発行所　株式会社 三修社
〒150-0001 東京都渋谷区神宮前 2-2-22
TEL 03-3405-4511　FAX 03-3405-4522
振替 00190-9-72758
http://www.sanshusha.co.jp
編集担当　松居 奈都

印刷・製本　凸版印刷株式会社

ISBN978-4-384-05709-6 C0087